# ALLOCUTION

PRONONCÉE

## AU MARIAGE

DE

## M. CHARLES BAULÈS

AVEC

## Mlle CLÉMENTINE RICHARD

En l'église

## St-LAMBERT DE VAUGIRARD

Le 27 Octobre 1886

PAR

## M. L'Abbé PISANI

Secrétaire de Mgr d'Hulst

Mon cher ami,

Mademoiselle,

Je dois d'abord exprimer un regret : c'est
celui qu'inspire à tous ceux qui sont ici l'ab-
sence du pasteur bien-aimé qui s'était réservé
la pieuse joie de présider à cette cérémonie et
qu'une circonstance imprévue retient loin de
nous (1). C'est donc à moi que revient cet
honneur que je dois à l'amitié déjà vieille que
je porte au futur époux.

Aussi bien, si je ne suis pas absolument un
inconnu pour vous, Mademoiselle, je puis

(1) M. Ritouret, curé de Saint-Lambert-de-Vaugirard, qui
avait promis de bénir le mariage.

revendiquer le droit de me dire des amis de celui que vous allez prendre pour compagnon de votre vie.

Il y a six ans déjà, quand j'habitais les régions lointaines de Ménilmontant, on vint me dire un soir qu'un jeune soldat demandait à me parler : il appartenait à un régiment qui venait d'arriver à la caserne voisine. Pendant les manœuvres, il avait demandé à un curé de campagne de lui indiquer un prêtre de Paris qui s'occupât des militaires; on lui avait donné mon nom, et c'est ainsi, que, guidé par la Providence, il venait me confier ce qu'il avait de plus précieux au monde : la direction de son âme; c'est ainsi, mon cher ami, que nous fîmes connaissance un soir de novembre 1881.

Dès lors, il se passa peu de semaines sans que vous fissiez une apparition au patronage que je dirigeais ; vous preniez l'habitude de regarder ma maison comme la vôtre, et mettant votre bonne volonté au service des pauvres du bon Dieu vous entriez un moment dans notre conférence de Saint-Vincent-de-Paul. J'ai dit un moment, car les règlements militaires, de plus en plus soucieux de la liberté de conscience du soldat, vous mirent bientôt dans l'obligation d'en sortir.

Le temps passait : les galons qui ornaient votre bras changèrent de couleur; puis un jour on vous vit arriver, vous savez avec quel enthousiasme, portant l'épée du sergent major. Vous aviez changé aussi de résidence ; il fallait venir de bien loin, bien tard et par tous les temps; et vous avez su prouver en cette occasion, que, quand il y a un devoir à remplir, rien ne fait peur au soldat français. Enfin un jour est venu où, malgré l'espérance séduisante de l'épaulette, vous avez cru que le bon Dieu vous préférait dans une autre carrière, et vous rentriez dans la vie civile, rapportant du régiment les habitudes d'ordre et d'obéissance que vous y aviez développées. Mais dans cette existence nouvelle, vous avez su rester ce que vous étiez à la caserne, et vous n'avez profité de la liberté qui vous était rendue que pour faire plus large la part du bon Dieu. Soutenu par les exemples que vous donnait votre respectable père, vous avez trouvé en lui un modèle de toutes les vertus chrétiennes et vous avez tenu à honneur de les imiter.

D'un autre côté, vous vous mettiez résolument au travail, et je suis heureux de rendre ici témoignage à cette maison qui, dirigée par un homme de bien, semble une oasis au milieu du désert horrible des ateliers parisiens. Faut-il s'étonner que là vous ayez pu rencontrer, connaître, estimer et aimer celle qui tout à l'heure va unir ses destinées aux vôtres?

Vous avez eu l'inestimable bonheur, Mademoiselle, d'apprendre dès votre jeune âge que l'accomplissement du devoir est le secret du bonheur, et vous ne vous êtes pas soustraite à l'appel de cette voix divine que tant d'autres n'ont pas voulu écouter. Et voici qu'aujourd'hui le bon Dieu paye en une fois tous vos sacrifices en vous donnant pour époux un homme digne de vous, comme vous êtes digne de lui. Que ce soit une leçon et un encouragement pour les compagnes que vous avez édifiées jusqu'à ce jour, et qui comprendront que le Seigneur a des trésors de grâces pour ceux qui l'ont servi fidèlement.

Permettez-moi maintenant, mes chers enfants, de vous donner les quelques avis que le prêtre doit aux chrétiens qui se présentent devant l'Église pour échanger les serments sacrés du mariage.

Le mariage chrétien est une source inépuisable de grâces, et cela parce qu'il apporte avec lui des devoirs, c'est-à-dire le moyen de servir Dieu par le sacrifice.

La femme doit obéissance à son mari, le mari doit user de cette autorité de façon à la rendre insensible ; le joug doit être si léger qu'il ne charge pas les épaules de celle qui le porte : et du reste à quoi bon dire que l'un commande si tous deux sont toujours et en tout du même avis ? Soyez unis, c'est la parole que je vais prononcer tout à l'heure au nom de l'Église, c'est la formule du bonheur dans le mariage et dans bien d'autres circonstances.

En dehors de ces obligations réciproques de fidélité, d'obéissance et de douceur, vos charges nouvelles se résument, quant à présent, à peu de chose. Ce n'est pas d'aujourd'hui que vous est imposé l'affectueux respect que vous devez l'un et l'autre aux parents qui vous ont élevés et qui s'associent aujourd'hui à votre joie ; et, puisque tout est commun dans le mariage, vous retrouvez aujourd'hui l'un la mère, l'autre le père que vous avez perdus, et que Dieu vous rend pour que rien ne manque à votre bonheur.

Au-dessus de la famille terrestre, la famille spirituelle, l'Église. Dès longtemps déjà vous savez les obligations particulières qui vous lient envers elle, mais aujourd'hui des devoirs nouveaux vous sont imposés.

Partout où vous serez, souvenez-vous que chrétiens vous devez vivre en chrétiens. Vous le devez à vous-mêmes, à ceux qui vous ont élevés et à vos Frères en N.-S. les chrétiens plus timides, que vos exemples fortifieront dans l'accomplissement des préceptes de la vie chrétienne.

Il faut ensuite que Dieu soit présent au milieu de vous ; que son image soit exposée à votre foyer, que sa pensée dirige votre conduite et préside à vos conseils.

Il faut enfin le prier, et le prier ensemble ; que cette règle de la prière commune soit pour vous une règle inviolable ; gardez-la dès le premier jour jusqu'à celui où vous présiderez la prière de famille au milieu de vos enfants et de vos petits-enfants.

Je vous ai parlé de ce que Dieu vous demande : vous savez ce qu'il vous promet. Remerciez donc avec moi ce Dieu si bon qui vous réserve, en échange de votre soumission, le **trésor** inépuisable de ses miséricordes. Invoquons-le, rendons-lui grâce, en ce jour, comme tous les jours de notre vie et dans la bienheureuse éternité. Amen.

12259. — PARIS. F. LEVÉ, IMP. DE L'ARCHEVÊCHÉ, RUE CASSETTE, 17.